마인크래프트
PVP 미니게임 가이드

Original English language edition first published in 2018 under the title
Minecraft Guide To: PVP Minigames by Egmont UK Limited.
The Yellow Building, 1 Nicholas Road, London, W11 4AN

Written by Stephanie Milton and Craig Jelley
Designed by Joe Bolder
Illustrations by Ryan Marsh, Joe Bolder & Sam Ross
Cover designed by John Stuckey
Cover illustration by BSmart
Production by Louis Harvey
Special thanks to Lydia Winters, Owen Jones, Junkboy, Martin Johansson,
Marsh Davies and Jesper Öqvist .

This edition is published by arrangement with Egmont UK Limited,
through Kids Mind Agency, Korea

MOJANG

1판 1쇄 2018년 9월 5일
1판 2쇄 2019년 8월 1일
ISBN 978-89-314-5695-0

발행인 김길수
발행처 (주)영진닷컴
주 소 서울특별시 금천구 가산디지털2로 123 월드메르디앙벤처센터 2차 10층 1016호
등 록 2007. 4. 27. 제16-4189호

Staff 번역 이주안 / 진행 김태경 / 편집 지화경

마인크래프트

⚔ PVP 미니게임 가이드

차례

모장의 말

이 책에 나오는 모장의 말은 모장의 개발자가 직접 제공하는 독점적인 정보입니다.

이 책에서 소개하는 모든 게임의 설명 옆에는 이 상자가 있을 것입니다. 각 항목에 대한 설명과 미니게임을 설정하는 방법을 자세히 알아보고 싶다면 '3장 기술 자료'를 참고하세요.

인원	2
게임 모드	서바이벌
난이도	보통
게임 유형	1 V 1
라운드 길이	N/A
클래스 플레이	사용 가능

소개

오버월드에서 여러분을 위협하는 존재들을 모두 이겨낼 수 있었나요? 네더에서 만난 위험한 상황을 별일 아닌 것처럼 가볍게 넘길 수 있었나요? 엔더 드래곤의 압도적인 숨결을 비웃을 수 있었나요? 그렇다면 이제 마인크래프트에서 가장 치명적인 도전을 할 때가 되었군요. 다른 플레이어와 게임을 해봅시다! 실력이 어떻든 다른 플레이어와 정면승부를 펼치는 것은 정말 재미있죠. 이 책은 다양한 미니게임을 플레이하는 방법을 알려줄 것입니다. 겉날개로 하늘을 날아다니는 실력을 길러보거나, 친구와 함께 칼날의 위력을 시험해보거나, 내가 몬스터 헌터나 파쿠르의 달인이라는 것을 증명해보세요. 이 책에 나와있는 미니게임들은 여러분을 위한 것입니다. 초보자라고 너무 걱정하지는 마세요. 고수와의 실력 차이를 줄여줄 팁들이 여러분을 도와줄 겁니다. 그럼 이제 나가서 한 번 이겨 볼까요?

마시 데이비스(MARSH DAVIES)
모장(MOJANG) 팀

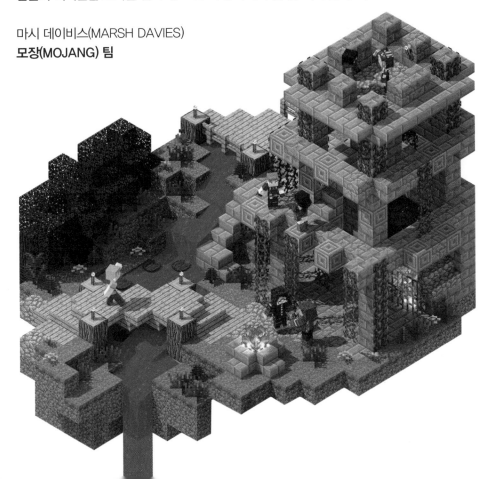

비전투
미니게임

첫 번째 장에서는 다른 플레이어와 직접적으로 싸우지는 않지만
경쟁의 재미를 즐길 수 있는 미니게임에 대해 알아볼 것입니다.
여기에 나온 미니게임을 그대로 다시 만들어보거나,
나만의 아이디어를 덧붙여 새로운 미니게임을 만들어보세요.
유일한 한계는 여러분의 상상력뿐입니다!

몹 웨이브

경험이 많은 마인크래프트 플레이어라면 몬스터가 무리를 지어 공격해도 잘 이겨낼 수 있겠지만, 몹 웨이브에서는 다른 플레이어와 겨뤄야 하기 때문에 훨씬 더 어려울 것입니다. 이 미니게임은 2명의 플레이어가 선 앞에 나란히 서서 누가 먼저 위협적인 몹들을 제거하는지 볼 수 있는 격렬한 전투 미니게임입니다.

게임 방법

몹 웨이브는 몹들이 내가 서 있는 선을 넘어오거나 상대방이 몹을 모두 물리치기 전에 내 구역 안에 있는 모든 몹을 물리치면 되는 미니게임입니다. 이 미니게임을 플레이할 때는 클래스 플레이를 사용하는 것을 권장합니다. 클래스 플레이 시스템에 대한 자세한 설명은 62–69쪽을 참고하세요.

인원	2
게임 모드	서바이벌
난이도	보통
게임 유형	1 V 1
라운드 길이	N/A
클래스 플레이	사용 가능

1 먼저 각자 플레이할 구역을 선택합니다. 그런 다음 마법이 부여된 활과 화살, 다이아몬드 검을 들고, 선 앞에 서서 게임이 시작되기를 기다립니다. 게임이 시작되면 선택한 구역 안으로 들어갑니다.

2 게임이 시작되면 각 구역에 50마리의 몹이 생성되고 플레이어가 있는 곳으로 다가올 것입니다. 플레이어는 이 몹들을 죽여서 선을 넘어오지 못하게 막아야 합니다.

모장의 말

이 게임에서 이기려면 우선 순위를 잘 정해야 합니다. 크리퍼는 치명적이지만 아주 느리게 움직입니다. 이런 몹은 나중에 처리하면 됩니다. 원거리 공격을 하는 스켈레톤 같은 몹을 먼저 죽인 뒤, 근접 공격을 하는 몹을 죽이는 것이 좋습니다.

TIP

좀비나 스켈레톤 같은 몹은 햇빛을 보면 불탑니다. 게임을 시작하기 전 경기장이 밝기 레벨이 7 이하인 곳에 있는 것이 맞는지 확인하세요.

3 몹이 선을 넘어오면 게임에서 패배합니다. 가장 먼저 몹을 모두 죽인 플레이어가 게임에서 이깁니다.

몹 웨이브 경기장 만들기

몹 웨이브는 단순한 게임이지만 경기장에는 재미있고 창의적인 것들을 잔뜩 넣을 수 있습니다. 몇 가지 재미있는 요소들을 경기장에 추가해보세요.

1 구역을 2개로 나눈 큰 직사각형 모양으로 경기장을 만드세요. 충분한 공간이 있어야 재미있는 구조물들을 많이 설치할 수 있습니다. 각 구역은 너비가 10블록, 길이가 20블록이어야 합니다. 몹은 플레이어로부터 16블록 이내에서 생성되도록 만들어야 합니다.

2 각 구역의 끝에 거대한 몹의 머리를 만드세요. 입 부분에는 큰 구멍을 만드세요. 여기서 몹이 스폰될 것입니다. 자세한 정보는 4단계에 나와있습니다.

3 머리 안쪽에 발사기를 3개씩 설치하고 발사기 안에는 스폰 알을 가득 채워 넣으세요. 공정한 경기를 위해 반드시 같은 개수의 스폰 알을 넣으세요. 좀비 스폰 알과 스켈레톤 스폰 알은 20개씩, 크리퍼 스폰 알은 10개씩 발사기에 넣으세요.

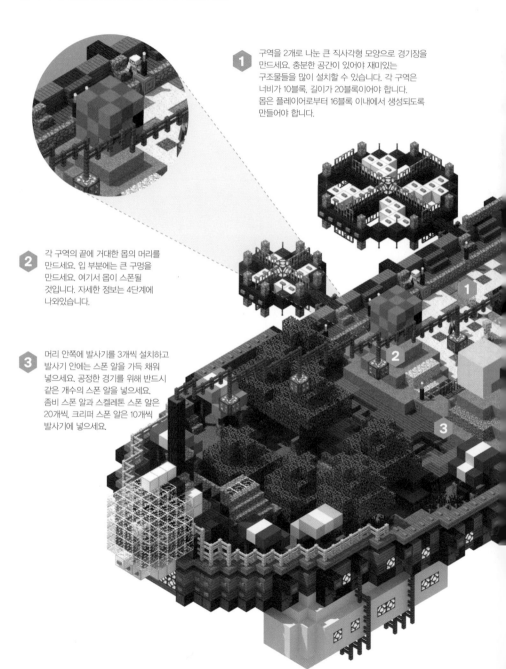

4 스켈레톤과 좀비 스폰 알이 담긴 발사기는
크리퍼 스폰 알이 담긴 발사기보다 더 자주
작동해야 합니다. 아래 그림과 같은 클락
회로를 만들어 크리퍼 스폰 알이 담긴
발사기는 느리게, 스켈레톤과 좀비 스폰
알이 담긴 발사기는 빠르게 작동되도록
만드세요.

5 2개의 구역 사이에는 철창을 설치하여
구역을 나누면서도 상대 플레이어가 어떻게
플레이하고 있는지 볼 수 있게 만드세요.

화살 골프

화살 골프는 활 쏘는 실력도 기를 수 있는 아주 재미있는 미니게임입니다. 이 게임에서 플레이어는 최소한의 화살로 복잡하고 예측할 수 없는 코스를 따라 다양한 홀 안에 화살을 넣어야 합니다.

게임 방법

화살 골프를 하려면 활과 많은 양의 화살이 필요합니다. 플레이어는 화살을 최대한 적게 사용하여 골프장 안에 있는 모든 홀에 화살을 넣어야 합니다. 블록이 한 칸 파여져 있는 곳이 홀입니다. 홀 옆에는 울타리로 만든 깃발이 있습니다. 화살을 한 번 쏠 때마다 점수를 얻습니다. 게임이 끝날 때 가장 적은 점수를 획득한 플레이어가 승자입니다.

인원	2–10
게임 모드	크리에이티브
난이도	보통
게임 유형	개인전
라운드 길이	N/A
클래스 플레이	사용 불가

1 먼저 시작 지점으로 표시된 곳에 서서 첫 번째 홀이 있는 곳을 향해 화살을 쏘세요.

2 그런 다음 화살이 떨어진 곳으로 가서 블록으로 표시를 남기세요. 다른 플레이어가 남긴 표시와 헷갈리지 않도록 각자 다른 블록을 사용해 표시를 만드세요.

모장의 말

내가 원하는 곳을 향해 화살을 쏘는 방법이
궁금하신가요? 힌트를 하나 줄게요.
정면을 바라보고 있는 상태로 활을 조금만
잡아 당기면 3블록, 반 정도 잡아 당기면 약
15블록, 최대로 잡아 당기면 24블록 떨어진
곳까지 화살을 날릴 수 있습니다. 하지만
각도를 바꾸면 사정거리를 크게 늘릴 수
있습니다. 정면에서 45도 위를 바라보고
활을 최대로 당기면 사정거리는 120
블록으로 늘어납니다.

5 모든 플레이어가 코스 끝까지
도착하면 게임이 끝납니다. 점수를
합산해 제일 적은 점수를 획득한
사람이 이 게임에서 이깁니다.

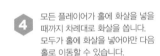

4 모든 플레이어가 홀에 화살을 넣을
때까지 차례대로 화살을 쏩니다.
모두가 홀에 화살을 넣어야만 다음
홀로 이동할 수 있습니다.

3 표시를 남겼으면 다른 플레이어가
화살을 한 번씩 쏠 때까지 기다리세요.
자신의 차례가 돌아오면 화살이 떨어진
곳에 서서 표시를 위해 설치한 블록을
없애고 화살을 쏘세요.

13

화살 골프를 위한 골프장

홀이 몇 개 밖에 없는 간단한 골프를 좋아하는 사람들도 있고 홀이 많은 골프를 좋아하는 사람들도 있습니다. 모두가 화살 골프를 재미있게 즐기려면 골프장에 다양한 요소들을 넣어야 합니다. 재미있고 예측할 수 없는 골프장을 만들기 위해 필요한 몇 가지 요소에 대해 알아봅시다.

1 골프장을 얼마나 크게 만들 것인지 결정하세요. 일반적인 골프장에는 18개의 홀이 있습니다. 하지만 홀이 4개만 있어도 재미있는 골프를 즐길 수 있습니다. 골프장의 크기를 결정했으면 지을 곳을 찾으세요. 숲 생물 군계는 비교적 평평하지만 푸른 나무로 가득합니다.

2 골프장의 시작 지점은 반드시 명확하게 표시해야 합니다. 첫 번째 화살을 쉽고 멋지게 쏘려면 땅은 잔디 블록이어야 하고 키 큰 잔디 같은 장애물이 없어야 합니다.

3 화살을 넣을 홀을 만드세요. 장애물이 없는 평평한 잔디밭 한 가운데에 홀을 만드는 것이 좋습니다.

4 평탄하지 않은 곳은 키 큰 잔디로 덮고 건너편이 잘 보이지 않도록 나무를 몇 그루 정도 심으세요. 골프치는 게 너무 쉬워지면 안 되니까요.

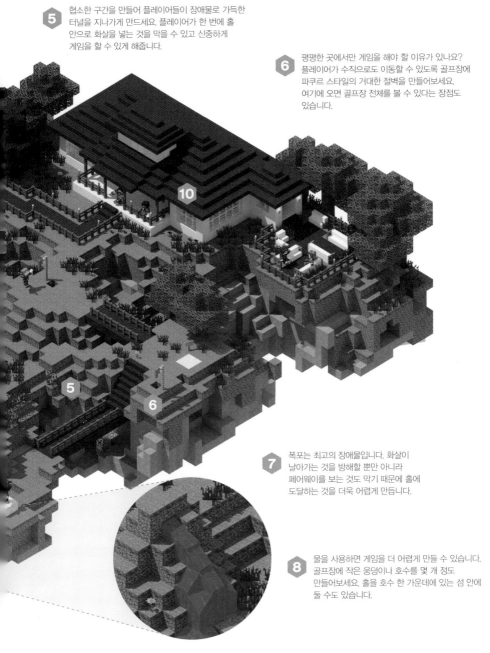

5 협소한 구간을 만들어 플레이어들이 장애물로 가득한 터널을 지나가게 만드세요. 플레이어가 한 번에 홀 안으로 화살을 넣는 것을 막을 수 있고 신중하게 게임을 할 수 있게 해줍니다.

6 평평한 곳에서만 게임을 해야 할 이유가 있나요? 플레이어가 수직으로도 이동할 수 있도록 골프장에 파쿠르 스타일의 거대한 절벽을 만들어보세요. 여기에 오면 골프장 전체를 볼 수 있다는 장점도 있습니다.

7 폭포는 최고의 장애물입니다. 화살이 날아가는 것을 방해할 뿐만 아니라 페어웨이를 보는 것도 막기 때문에 홀에 도달하는 것을 더욱 어렵게 만듭니다.

8 물을 사용하면 게임을 더 어렵게 만들 수 있습니다. 골프장에 작은 웅덩이나 호수를 몇 개 정도 만들어보세요. 홀을 호수 한 가운데에 있는 섬 안에 둘 수도 있습니다.

10 골프장 끝에 컨트리 클럽을 지어 진짜 골프장 같은 느낌을 만들어보세요.

9 벙커는 난이도를 높일 수 있는 좋은 요소입니다. 모래로 벙커를 만들어 두면 플레이어가 지형의 일부만 또렷하게 볼 수 있습니다.

15

슈팅 후프

활과 화살을 잘 다루신다고요? 그렇다면 이 미니게임을 좋아하시겠군요. 슈팅 후프는 두 팀이 하늘에서 대결하는 미니게임입니다. 수비수와 골키퍼가 화살을 피해 상대팀의 득점을 막는 동안 공격수는 화살로 버튼 6개를 눌러야 합니다. 먼저 6개의 버튼을 맞추어 폭죽을 터뜨리는 팀이 이깁니다.

게임 방법

플레이어는 게임을 하는 동안 경기장을 벗어날 수 없고 상대방을 직접적으로 밀거나 칠 수 없습니다. 5명이 한 팀을 이루어 가장 많은 점수를 획득한 팀이 이 게임에서 승리합니다. 모든 플레이어는 겉날개와 추진력을 줄 폭죽 로켓을 가지고 게임을 시작합니다. 아래의 제작법은 플레이어에게 피해를 입히지 않는 비폭발성 로켓의 제작법입니다. 화약 3개를 사용하면 비행 지속 시간이 3(최대치)인 폭죽 로켓을 만들 수 있지만, 화약이 한두 개만 있어도 폭죽 로켓을 만들 수 있습니다.

인원	10
게임 모드	모험
난이도	보통
게임 유형	팀전
라운드 길이	N/A
클래스 플레이	사용 불가

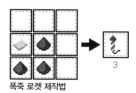

폭죽 로켓 제작법

1 2명의 공격수는 활과 화살로 상대팀 골대에 있는 6개의 버튼을 모두 눌러야 합니다. 6개의 버튼이 모두 눌리면 발사기가 폭죽을 터뜨리고 게임이 끝났다는 것을 알려줄 것입니다.

2 2명의 수비수는 상대팀의 공격수를 막아야 합니다. 상대팀 공격수에게 화살을 쏴서 우리 팀 골대에 있는 버튼을 누르지 못하게 하세요.

3 골키퍼는 상대팀의 마법이 부여된 방패와 검을 이용해 공격수가 쏜 화살을 막아내야 합니다.

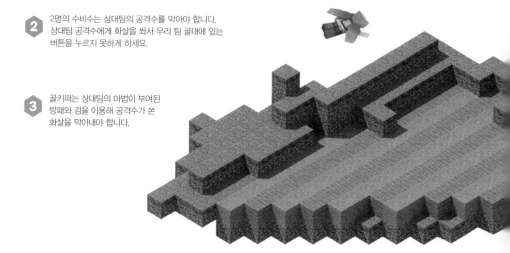

슈팅 후프 경기장 만들기

게임을 하는 것도 게임을 보는 것도 재미있게 만들려면 경기장을 크게 짓는 것이 좋습니다. 경기장을 만드는 방법을 알아봅시다.

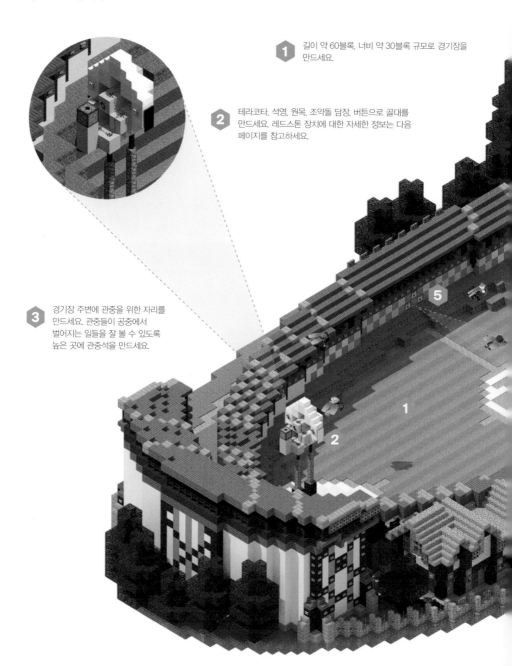

1 길이 약 60블록, 너비 약 30블록 규모로 경기장을 만드세요.

2 테라코타, 석영, 원목, 조약돌 담장, 버튼으로 골대를 만드세요. 레드스톤 장치에 대한 자세한 정보는 다음 페이지를 참고하세요.

3 경기장 주변에 관중을 위한 자리를 만드세요. 관중들이 공중에서 벌어지는 일들을 잘 볼 수 있도록 높은 곳에 관중석을 만드세요.

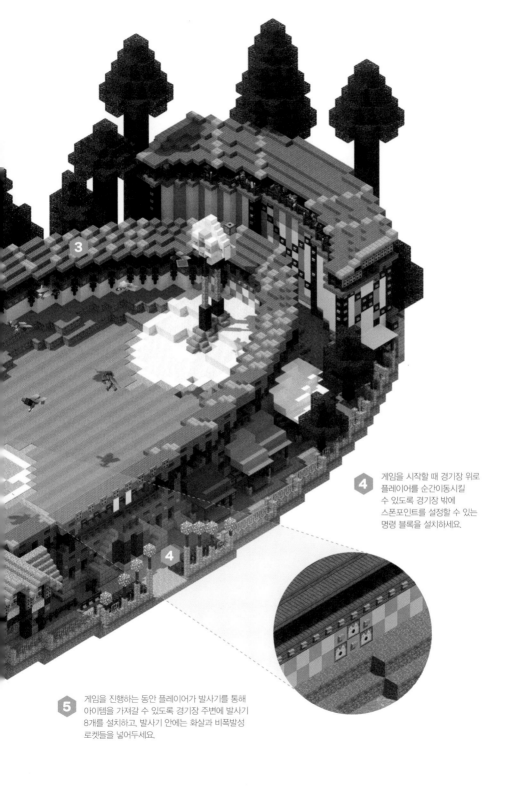

4 게임을 시작할 때 경기장 위로
플레이어를 순간이동시킬
수 있도록 경기장 밖에
스폰포인트를 설정할 수 있는
명령 블록을 설치하세요.

5 게임을 진행하는 동안 플레이어가 발사기를 통해
아이템을 가져갈 수 있도록 경기장 주변에 발사기
8개를 설치하고, 발사기 안에는 화살과 비폭발성
로켓들을 넣어두세요.

슈링 후프에 사용되는 레드스톤 장치

버튼 6개가 모두 눌렸을 때 폭죽이 터지게 하려면 골대 뒤에 간단한 레드스톤 장치를 만들어야 합니다. 버튼이 눌리면 발사기가 폭죽을 터뜨리는 장치를 만들어봅시다. 단계별 가이드를 따라 신나는 게임의 끝을 장식해줄 장치를 만들어보세요.

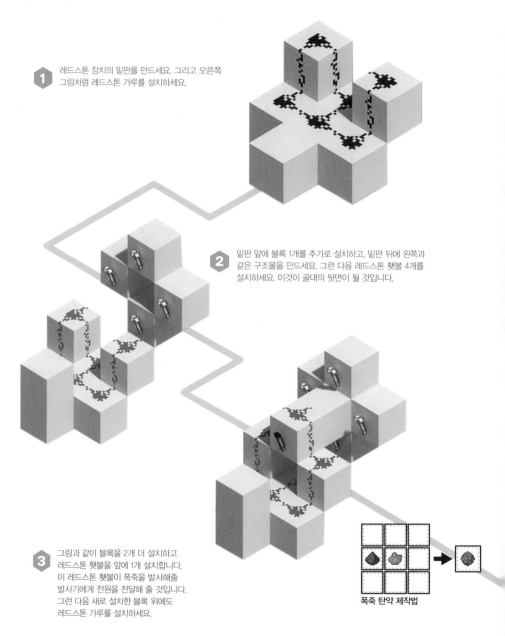

1 레드스톤 장치의 밑판를 만드세요. 그리고 오른쪽 그림처럼 레드스톤 가루를 설치하세요.

2 밑판 앞에 블록 1개를 추가로 설치하고, 밑판 뒤에 왼쪽과 같은 구조물을 만드세요. 그런 다음 레드스톤 횃불 4개를 설치하세요. 이것이 골대의 뒷면이 될 것입니다.

3 그림과 같이 블록을 2개 더 설치하고 레드스톤 횃불을 앞에 1개 설치합니다. 이 레드스톤 횃불이 폭죽을 발사해줄 발사기에게 전원을 전달해 줄 것입니다. 그런 다음 새로 설치한 블록 위에도 레드스톤 가루를 설치하세요.

폭죽 탄약 제작법

6 마지막으로 골대의 앞부분도 꾸민 뒤 버튼 6개를 설치하세요.

5 이제 골대의 나머지 부분을 만들어 봅시다. 옆에 보이는 뒷모습처럼 골대를 꾸미세요. 레드스톤 횃불 2개를 추가로 설치하는 것을 잊지 마세요.

4 발사기를 하늘을 바라보게 설치하고 폭발성 폭죽 로켓을 넣으세요. 폭죽 탄약과 종이, 화살로 폭발성 폭죽 로켓을 만들 수 있습니다.

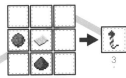

3

폭죽 로켓 제작법

21

겉날개의 달인

이 미니게임에서 여러분은 다른 플레이어들과 순위를 다투며 위험한 장애물들을 피해 도착점까지 가야 합니다. 겉날개로 활공하는 동안 폭죽 로켓을 사용하면 추진력을 얻을 수 있습니다. 여러 명의 플레이어가 여러분을 떨어뜨리려고 하고 있으니 조심하세요. 정말 다양한 일들을 만나볼 수 있는 겉날개의 달인 게임을 시작해봅시다!

게임 방법

겉날개의 달인은 경기장에서 다치지 않고 다른 플레이어들보다 먼저 도착 지점에 가면 되는 미니게임입니다.

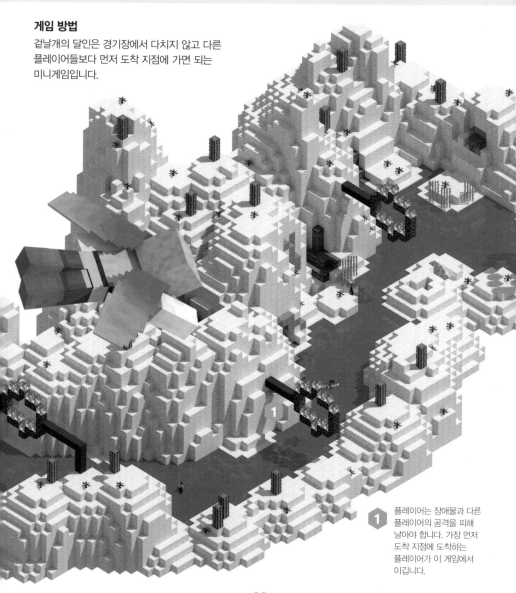

1 플레이어는 장애물과 다른 플레이어의 공격을 피해 날아야 합니다. 가장 먼저 도착 지점에 도착하는 플레이어가 이 게임에서 이깁니다.

인원	2–10
게임 모드	모험
난이도	보통
게임 유형	개인전
라운드 길이	N/A
클래스 플레이	사용 불가

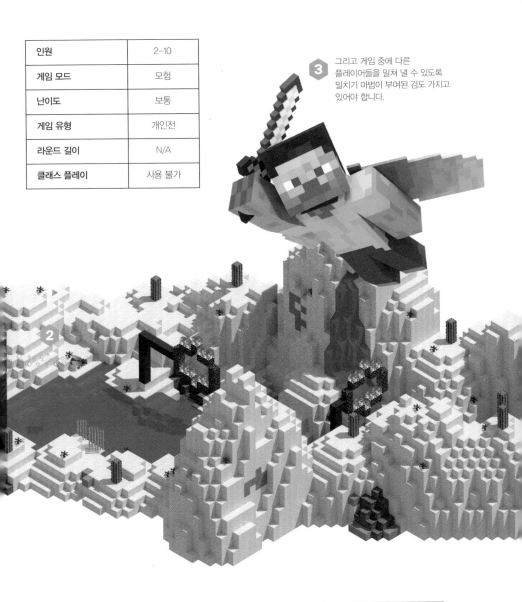

3 그리고 게임 중에 다른 플레이어들을 밀쳐 낼 수 있도록 밀치기 마법이 부여된 검도 가지고 있어야 합니다.

2 모든 플레이어는 비행을 위해 겉날개 1개와 비폭발성 폭죽 로켓(16쪽 참고) 64개를 지급받습니다.

겉날개의 달인 경기장

코스의 난이도가 어려워야 하긴 하지만 게임이 불가능할 정도로 어려워서는 안 됩니다. 좋은 경기장을 만들려면 여러 요소들과 특이한 장애물들이 있어야 합니다.

1 체크포인트를 일관성 있게 만드세요. 코스의 경로를 표시할 때는 한 가지 색상만 사용해서 고리를 만드세요. 이렇게 하면 플레이어들이 목적 없이 날아다니지 않고 경기에 집중할 수 있습니다.

2 지형 아래에도 코스를 만들 수 있습니다. 자연적으로 생성된 협곡을 이용하거나 거대한 코스 위에 지붕을 덮어 구불구불한 구간을 만들어보세요.

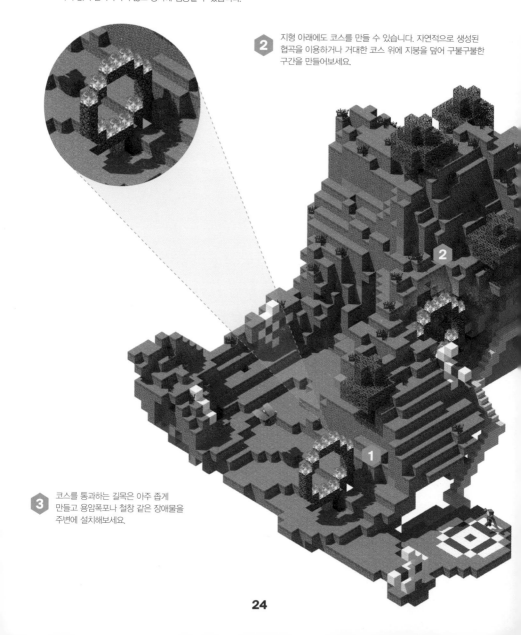

3 코스를 통과하는 길목은 아주 좁게 만들고 용암폭포나 철창 같은 장애물을 주변에 설치해보세요.

시선을 끄는 요소를 만들어 두면
플레이어의 집중을 방해하고 난이도를
높일 수 있습니다. 밝은 색상을 사용하여
코스 곳곳에 재미있는 건축물을
만들어보세요. 다른 사람들은 커다란 몸을
주로 만들어 둡니다. 거대한 드래곤의 입
안으로 들어가는 구간도 만들어보세요.

플레이어들을 바짝 긴장시킬
급커브 구간과 수직으로 떨어지는
구간을 곳곳에 만들어보세요.

양털 레이스

가위를 들고 순한 양들로 가득한 우리에 들어가서 양털 코트를 훔쳐보세요.
양털 레이스는 상대방보다 염색된 양털을 더 많이 모아야 하는 게임입니다. 양털의 색깔마다
점수가 다르기 때문에 빠르게 움직여 어떤 양의 양털을 먼저 깎을지 전략적인 판단을 해야
합니다.

게임 방법

양털 레이스는 정해진 시간 안에 최대한 많은 양의
양털을 깎아야 하는 게임입니다. 플레이어들은 5분
동안 양털을 최대한 많이 깎은 뒤, 우리 안에 있는
각자의 상자에 양털을 넣어야 합니다. 각 상자에는
숫자 1, 2, 3, 4가 표시되어 있습니다. 게임을 시작하기
전에 각 플레이어는 번호를 선택해야 합니다. 게임이
끝나면 플레이어는 양털의 개수를 세기 위해 상자 안에
깎은 양털을 모두 넣어야 합니다. 게임 중에는 서로를
때리거나 밀치면 안 됩니다.

인원	2-4
게임 모드	서바이벌
난이도	평화로움
게임 유형	개인전
라운드 길이	5분
클래스 플레이	사용 불가

양털의 색깔에 따라 점수가 달라지며 게임이 끝날 때까지 가장 많은 점수를 획득하는 플레이어가 이깁니다.
모든 플레이어는 각 양털의 점수가 몇 점이나 되는지 알고 있어야 합니다. 아래에 있는 점수 체계를 사용하거나
자신만의 점수 체계를 만들어 게임을 해보세요.

하얀색 – 1점

빨간색 – 2점

노란색 – 3점

파란색 – 4점

초록색 – 5점

보라색 – 6점

27

양털 레이스 경기장 만들기

우리를 레벨에 따라 여러 개로 쪼개면 더 재미있게 게임을 즐길 수 있습니다. 양털 레이스를 하려면 최소 100 마리 이상의 양이 들어갈 수 있는 공간과 움직이는 것을 더욱 어렵게 만들어줄 다양한 장애물이 필요합니다. 여기에 있는 예시가 여러분에게 좋은 아이디어를 줄 것입니다.

1 게임 구역은 약 30×30블록 크기로 만드세요. 이는 게임을 즐기기에도 좋고, 상자가 있는 곳까지 이동하기에도 충분한 크기입니다. 게임 구역 안에는 여러 개의 우리가 있어야 합니다. 몇몇 우리는 접근하기 어려운 곳에 두어 난이도를 높이세요.

2 양들이 탈출하는 것을 원치 않는다면 우리가 안전한지 확인하세요. 울타리로 만든 우리의 각 면에 울타리 문을 설치하고 양이 점프해서 탈출하지 못하도록 울타리 위에 반 블록을 설치하세요.

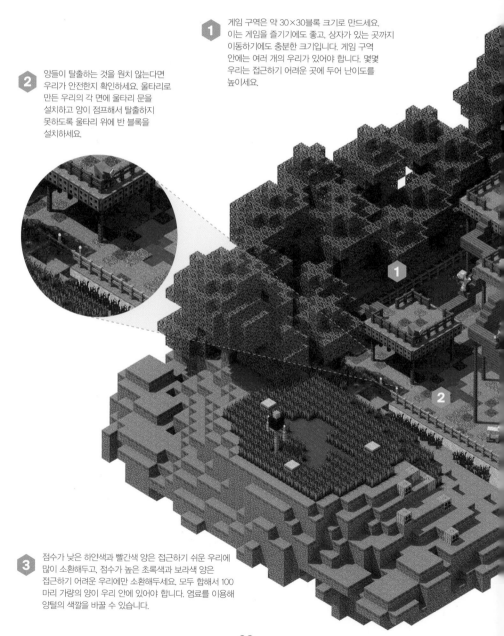

3 점수가 낮은 하얀색과 빨간색 양은 접근하기 쉬운 우리에 많이 소환해두고, 점수가 높은 초록색과 보라색 양은 접근하기 어려운 우리에만 소환해두세요. 모두 합해서 100 마리 가량의 양이 우리 안에 있어야 합니다. 염료를 이용해 양털의 색깔을 바꿀 수 있습니다.

4 플레이어가 우리에 접근하는 것을 조금 더 어렵게 만들고 싶다면 다양한 장애물들을 설치해보세요. 나무를 여러 그루 심거나 작은 호수를 만들어보세요.

6 진짜 농장에 와 있는 것 같은 분위기를 만들기 위해 헛간을 지어 양털 레이스 경기장을 완성하세요.

5 헷갈리지 않도록 상자에는 1부터 4까지의 숫자가 명확히 표시되어 있어야 합니다. 남의 상자에 내가 모은 양털을 넣고 싶어하는 사람은 없을 테니까요. 가급적 상자는 서로 멀리 떨어져 있는 것이 좋습니다. 우리의 각 모서리 부분에 상자를 설치하세요.

2

전투
미니게임

이번 장에서는 PVP(플레이어 대 플레이어) 전투의 스릴을
좋아하는 플레이어를 위한 미니게임을 알아봅시다. 전투
미니게임은 친구와 1:1로 싸우거나, 적팀에 맞서 팀을 이루어
싸우거나, 개인전으로 정신 없이 싸우는 것을 좋아하는 모두를
위한 미니게임입니다.

스카이 워즈

하늘에 있는 위험천만한 공중 섬 위에서 생존을 위해 싸워보세요.
스카이 워즈에서 플레이어는 자원을 모으기 위해 적의 공격을 피하고 섬 밖으로 떨어지지
않으려고 하면서 상대방과 싸워야 합니다. 가장 마지막까지 섬에 남아있는 사람이
승리합니다.

게임 방법

아무런 아이템도 지급받지 않고 갑옷도 없는 상태로
게임을 시작합니다. 플레이어는 생존을 위해 필요한
장비를 섬을 돌아다니며 직접 얻어야 합니다. 장비를
갖추었으면 모든 방법을 동원해 상대 플레이어를
공격하거나 섬 아래로 떨어뜨려야 합니다.

인원	2-10
게임 모드	서바이벌
난이도	평화로움
게임 유형	개인전
라운드 길이	N/A
클래스 플레이	사용 불가

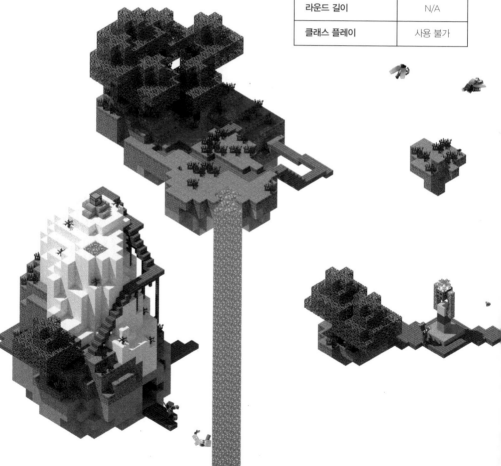

스카이 워즈를 플레이하기 위한 섬

스카이 워즈를 플레이하기 위한 섬을 만들면 창의력을 키울 수 있습니다. 재미있는 요소와 유용한 자원을 섬에 추가해보거나, 플레이어가 다른 섬으로 이동하는 것을 어렵게 만들어보세요. 섬에 어떤 요소가 필요한지 알아봅시다.

많은 사람들은 중앙에 거대한 섬을 만들고 그 주변에 작은 섬을 만듭니다. 몇몇 작은 섬만 좁은 다리로 이어두고 작은 섬에서 중앙 섬으로 가는 것은 어렵게 만듭니다.

섬과 섬을 다리로 연결하고 싶다면 플레이어가 쉽게 떨어지도록 폭이 1블록인 다리를 만드세요. 완벽한 다리를 만들 필요도 없습니다. 중간에 틈을 만들어서 더욱 위험하게 만드세요.

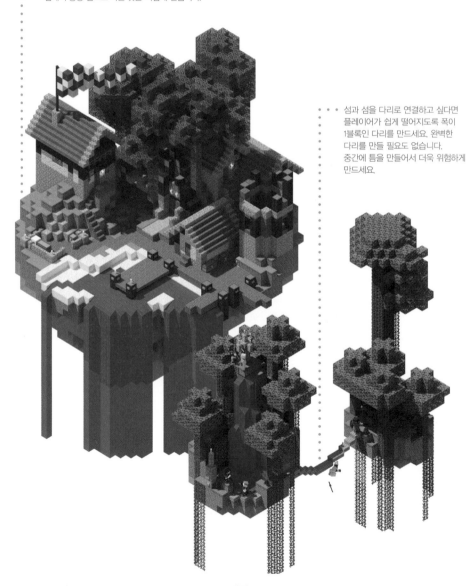

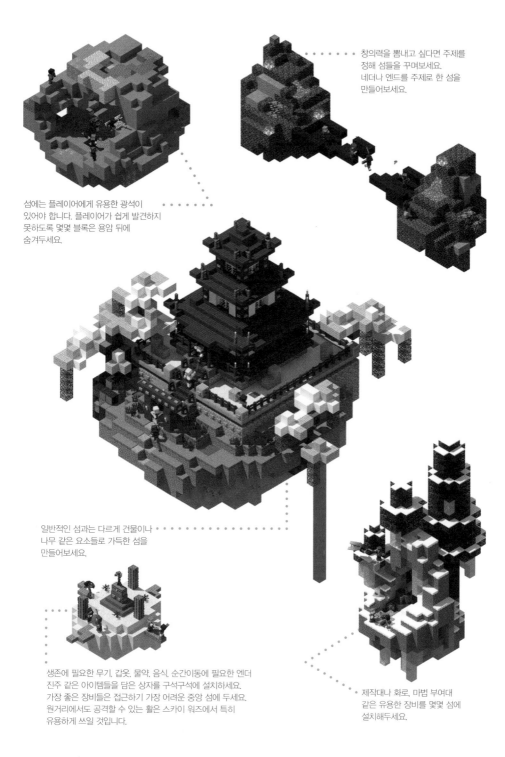

창의력을 뽐내고 싶다면 주제를 정해 섬들을 꾸며보세요. 네더나 엔드를 주제로 한 섬을 만들어보세요.

섬에는 플레이어에게 유용한 광석이 있어야 합니다. 플레이어가 쉽게 발견하지 못하도록 몇몇 블록은 용암 뒤에 숨겨두세요.

일반적인 섬과는 다르게 건물이나 나무 같은 요소들로 가득한 섬을 만들어보세요.

생존에 필요한 무기, 갑옷, 물약, 음식, 순간이동에 필요한 엔더 진주 같은 아이템들을 담은 상자를 구석구석에 설치하세요. 가장 좋은 장비들은 접근하기 가장 어려운 중앙 섬에 두세요. 원거리에서도 공격할 수 있는 활은 스카이 워즈에서 특히 유용하게 쓰일 것입니다.

제작대나 화로, 마법 부여대 같은 유용한 장비를 몇몇 섬에 설치해두세요.

스플리프

스플리프는 상대의 발 밑에 있는 블록을 없애 상대방을 아래로 떨어뜨리는 미니게임입니다. 이 게임에서 플레이어는 높은 곳에 있는 경기장 바닥 위를 뛰어다니면서 상대방의 발 밑에 있는 블록을 파괴해 죽을 때까지 떨어뜨려야 합니다. 잔인하지만 정말 재미있는 게임이죠!

플레이 방법
모든 플레이어는 보관함을 삽으로 가득 채운 상태로 게임을 시작합니다. 삽 이외의 다른 장비는 가지고 있을 수 없습니다. 플레이어는 다른 플레이어의 발 밑에 있는 블록을 삽으로 캐서 경기장 바닥 아래로 떨어뜨려야 합니다. 플레이어들은 신속하게 움직이면서도 전략적으로 생각하고 자신이 걷는 바닥을 주시해야 합니다. 마지막까지 살아남는 플레이어가 이 게임에서 이깁니다.

알고 있나요?
스플리프는 게임을 파괴한다는 뜻을 가진 게임 용어 'Grief'에서 유래했습니다. 블록 파괴가 게임 방법이라서 이런 이름이 붙여졌답니다.

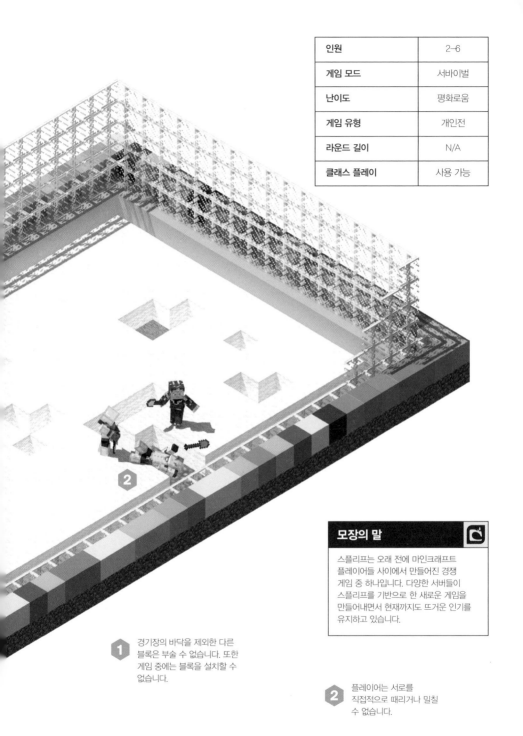

인원	2-6
게임 모드	서바이벌
난이도	평화로움
게임 유형	개인전
라운드 길이	N/A
클래스 플레이	사용 가능

모장의 말

스플리프는 오래 전에 마인크래프트 플레이어들 사이에서 만들어진 경쟁 게임 중 하나입니다. 다양한 서버들이 스플리프를 기반으로 한 새로운 게임을 만들어내면서 현재까지도 뜨거운 인기를 유지하고 있습니다.

1 경기장의 바닥을 제외한 다른 블록은 부술 수 없습니다. 또한 게임 중에는 블록을 설치할 수 없습니다.

2 플레이어는 서로를 직접적으로 때리거나 밀칠 수 없습니다.

스플리프 경기장 만들기

삽으로 부수기 쉬운 블록으로 경기장의 바닥을 만들어야 합니다. 많은 눈이나 점토로 만들지만 흙이나 양털을 사용해도 됩니다. 멋진 스플리프 경기장 짓는 방법을 살펴봅시다.

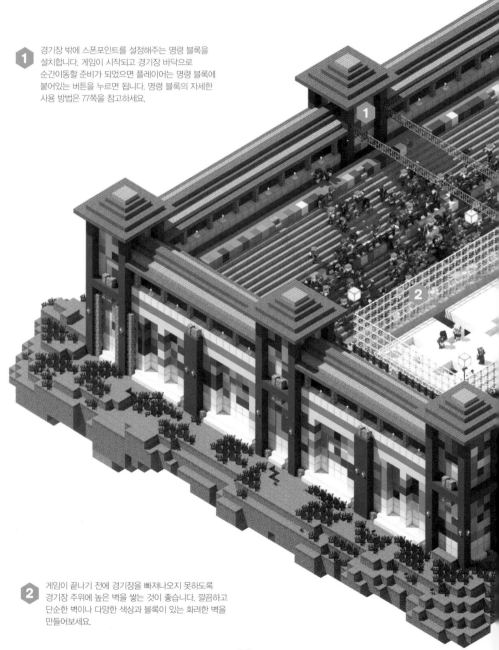

1 경기장 밖에 스폰포인트를 설정해주는 명령 블록을 설치합니다. 게임이 시작되고 경기장 바닥으로 순간이동할 준비가 되었으면 플레이어는 명령 블록에 붙어있는 버튼을 누르면 됩니다. 명령 블록의 자세한 사용 방법은 77쪽을 참고하세요.

2 게임이 끝나기 전에 경기장을 빠져나오지 못하도록 경기장 주위에 높은 벽을 쌓는 것이 좋습니다. 깔끔하고 단순한 벽이나 다양한 색상과 블록이 있는 화려한 벽을 만들어보세요.

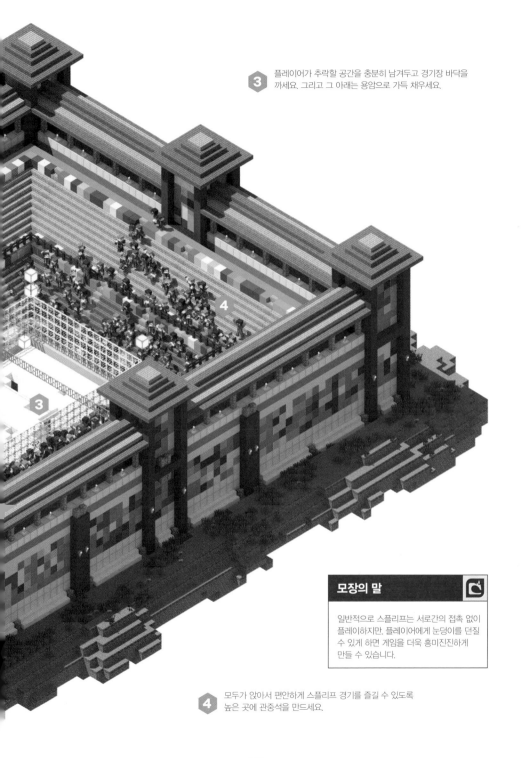

3 플레이어가 추락할 공간을 충분히 남겨두고 경기장 바닥을 까세요. 그리고 그 아래는 용암으로 가득 채우세요.

모장의 말

일반적으로 스플리프는 서로간의 접촉 없이 플레이하지만, 플레이어에게 눈덩이를 던질 수 있게 하면 게임을 더욱 흥미진진하게 만들 수 있습니다.

4 모두가 앉아서 편안하게 스플리프 경기를 즐길 수 있도록 높은 곳에 관중석을 만드세요.

깃발 뺏기

많은 마인크래프트 유저들이 좋아하는 이 미니게임의 플레이 방법은 간단합니다. 상대팀의 플레이어가 깃발을 뺏으러 오기 전에 상대팀의 깃발을 뺏어와 자신이 속한 팀의 기지 안에 깃발을 꽂으면 됩니다. 우리 팀의 깃발을 지키면서 상대팀의 방어망을 뚫고 기지에 들어가 깃발을 빼앗으려면 전략적으로 움직여야 합니다.

게임 방법

두 팀으로 나누어 게임을 진행합니다. 플레이어는 오직 상대팀의 깃발에 사용된 블록만 부술 수 있습니다. 가장 먼저 상대팀의 깃발을 파괴하고 자신의 기지로 돌아와 깃발 방 안에 깃발을 꽂는 팀이 승리합니다.

인원	6-10
게임 모드	서바이벌
난이도	평화로움
게임 유형	팀전
라운드 길이	N/A
클래스 플레이	사용 가능

TIP

팀을 쉽게 구분할 수 있도록 플레이어에게 팀의 색깔에 맞는 염색된 가죽 모자를 나눠주세요. 레드팀에게는 빨간색으로 염색된 가죽 모자를, 블루팀에게는 파란색으로 염색된 가죽 모자를 나눠주세요.

깃발 뺏기 경기장 만들기

공정한 게임을 위해 거의 대칭인 경기장에다 똑같은 기지를 2개 만드세요. 복제 명령어를 사용하면 손쉽게 만들 수 있습니다. 복제 명령어의 자세한 사용 방법은 72–73쪽을 참고하세요. 경기장에 어떤 요소들을 넣어야 하는지 살펴봅시다.

1 경기장의 중앙에 시작 구역을 만드세요. 게임이 시작될 때까지 모든 플레이어는 여기서 대기해야 합니다.

2 경기장을 너무 크거나 작게 만들지 마세요. 성과 성 사이의 거리가 어느 정도 있어야 하지만 너무 멀어서는 안 됩니다.

3 궁수가 쉽게 활을 쏠 수 있도록 성의 모서리에 포탑을 만드세요.

4 작은 집이나 용암 웅덩이 같은 재미있는 요소들을 경기장에 추가해보세요.

5 빨간색과 파란색 양털로 깃발을 만드세요. 접근하기 어렵도록 기지의 중앙에 있는 포탑 위에 깃발을 설치하세요.

6 성에 침입하는 것을 어렵게 하기 위해 기지 주변에 벽을 세우고 하나의 협소한 통로를 통해서만 들어갈 수 있게 만드세요.

7 플레이어를 쉽게 발견하고 공격하거나 방어하지 못하도록 성 주변에 나무를 심으세요.

성의 방어시설 만들기

똑똑한 플레이어들은 게임이 시작되면 자신의 성에 방어시설을 만들고 싶어합니다. 각자 원하는 방어시설을 만들 수 있도록 재료로 가득 찬 상자를 성에 설치해보세요. 이 페이지에 나와있는 방어시설들을 보고 상자에 재료를 담아봅시다.

1 레버, 끈끈이 피스톤, 석재 벽돌 블록만 있으면 용암 투하 장치를 만들 수 있습니다. 석재 벽돌 블록으로 고리를 만들고 그 안에 끈끈이 피스톤을 설치하세요. 그런 다음 레드스톤 가루로 끈끈이 피스톤과 레버를 연결하고 끈끈이 피스톤 앞에 석재 벽돌 블록을 설치하세요. 마지막으로 가운데에 만들어진 작은 공간에 용암을 설치하세요. 이제 레버만 내리면 아래를 지나가는 침입자에게 뜨거운 용암을 부을 수 있습니다.

2 우리팀 플레이어와 상대팀 플레이어 사이에 거리를 두려면 복도에 5블록 길이의 도랑을 만들고 옆을 막으세요. 4블록 깊이로 도랑을 파고 바닥에 선인장이나 용암을 설치하세요. 그리고 도랑에서 상대가 쏘는 화살을 막을 수 있도록 도랑 옆에 작은 벽을 세우세요.

3 물론 도랑 같이 위험한 장애물을 피할 수 있는 방법도 있습니다. 끈끈이 피스톤과 조약돌 담장 블록이 있으면 조용히 장애물을 피해 다른 곳으로 이동할 수 있는 비밀 통로와 비밀 문을 만들 수 있습니다. 상대팀 플레이어가 벽을 부수고 비밀 통로에 들어오지 못하게 하려면 복도로부터 일정한 간격으로 한 블록씩 멀어지게 만드세요.

4 철문 2개만 있으면 출입문을 함정으로 만들 수 있습니다. 침입자가 함정에 들어올 수 있도록 바깥쪽 철문 옆에는 버튼을 설치하고 안쪽에는 버튼이나 레버를 설치하지 마세요. 상대팀 플레이어가 함정에 들어오면 천장에 있는 구멍을 통해 화살과 화염구로 공격하세요.

5 시간이 필요하거나, 침입자들을 최대한 오랫동안 가두어야 할 때는 영혼 모래와 거미줄을 사용해보세요. 상대의 움직임을 느리게 만들 수 있습니다. 바닥은 영혼 모래로 바꾸고 벽에는 일정한 간격으로 거미줄을 설치하세요. 이렇게 하면 상대팀 플레이어들에게서 벗어날 시간과 깃발을 다시 만들 수 있는 시간을 벌 수 있습니다.

검투사 전투

고대 로마 경기에서 영감을 받아 만들어진 검투사 전투는 누가 최고의 전사인지 가리는 미니게임입니다. 검투사들은 치열한 경쟁을 통해 차지한 무기로 다른 플레이어를 제거해야 합니다.

플레이 방법

검투사 전투에는 규칙이 거의 없습니다. 검투사 전투는 서로 싸우면서 마지막까지 살아남는 플레이어가 이기는 게임입니다.

인원	2–10
게임 모드	서바이벌
난이도	보통
게임 유형	개인전
라운드 길이	N/A
클래스 플레이	사용 불가

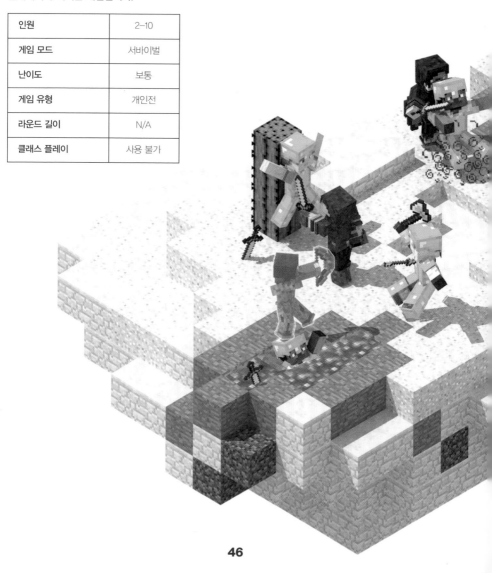

모든 플레이어는 아무것도 가지고 있지 않은 상태로 경기장에 들어와야 합니다. 다른 플레이어들이 먼저 가져가기 전에 경기장 곳곳에 놓여있는 상자를 찾아 다양한 무기와 갑옷을 구해야 합니다. 한 번 경기장에 들어오면 게임이 끝나거나 우승자가 나오기 전까지 경기장 밖으로 나갈 수 없습니다.

TIP

검투사 전투를 하다 보면 플레이어들이 팀을 만들 수도 있고, 다른 플레이어를 죽인 횟수를 기록해야 할 수도 있습니다. 점수판 명령어를 사용해 점수 기록 시스템을 만들어보세요. 자세한 내용은 74-76쪽을 참고하세요.

원형 경기장 만들기

검투사 전투는 전통적으로 경기를 보러 온 관중들을 위한 자리가 마련된 거대한 원형 경기장에서
진행되었습니다. 작은 크기지만 인상적인 구경거리들로 가득한 경기장을 지어봅시다. 여러분의 미니게임에 아주
잘 어울릴 겁니다!

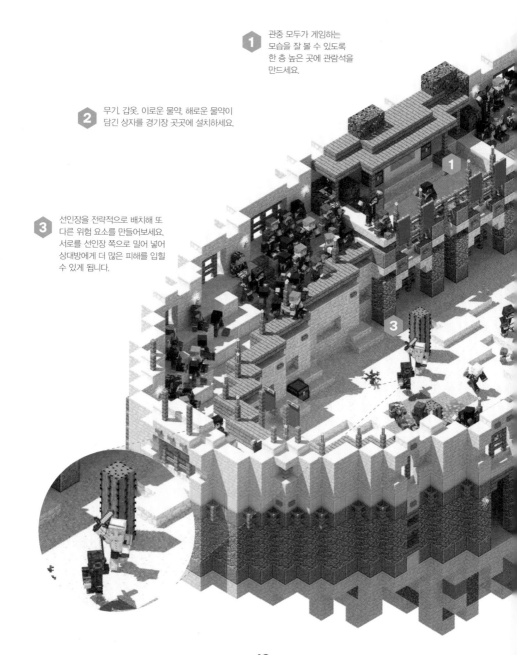

1 관중 모두가 게임하는
모습을 잘 볼 수 있도록
한 층 높은 곳에 관람석을
만드세요.

2 무기, 갑옷, 이로운 물약, 해로운 물약이
담긴 상자를 경기장 곳곳에 설치하세요.

3 선인장을 전략적으로 배치해 또
다른 위험 요소를 만들어보세요.
서로를 선인장 쪽으로 밀어 넣어
상대방에게 더 많은 피해를 입힐
수 있게 됩니다.

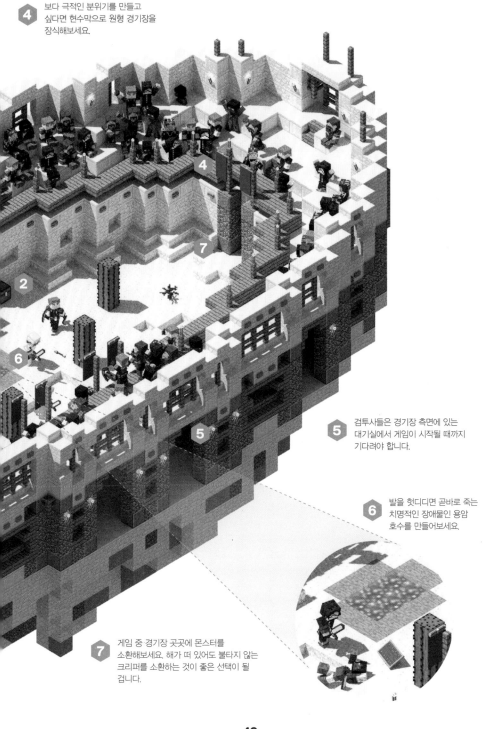

4 보다 극적인 분위기를 만들고
싶다면 현수막으로 원형 경기장을
장식해보세요.

5 검투사들은 경기장 측면에 있는
대기실에서 게임이 시작될 때까지
기다려야 합니다.

6 발을 헛디디면 곧바로 죽는
치명적인 장애물인 용암
호수를 만들어보세요.

7 게임 중 경기장 곳곳에 몬스터를
소환해보세요. 해가 떠 있어도 불타지 않는
크리퍼를 소환하는 것이 좋은 선택이 될
겁니다.

파쿠르 대결

파쿠르를 플레이하려면 실력과 정확도 그리고 담력이 필요합니다. 이 게임에서 플레이어는 떨어지지 않고 공중에 떠 있는 블록을 점프해서 이동해야 합니다. 일반적인 파쿠르와 PVP 전투의 재미를 모두 담고 있는 파쿠르 대결을 플레이해봅시다.

플레이 방법

가장 먼저 경기장의 도착 지점에 도착하는 플레이어가 이깁니다. 파쿠르 대결에서는 게임 중에 PVP를 할 수 있습니다. 다른 플레이어를 공격해 아래로 떨어뜨릴 수 있습니다. 하지만 블록을 설치할 수는 없습니다.

인원	2-10
게임 모드	서바이벌
난이도	평화로움
게임 유형	개인전
라운드 길이	N/A
클래스 플레이	사용 불가

파쿠르 대결 경기장

파쿠르 경기장은 신중하게 설계해야 합니다. 점프로 이동할 수 있도록 만들어진 게 맞는지 일일이 테스트를 해야 하긴 하지만, 경기장을 설계하면서 즐거움을 얻을 수 있을 것입니다. 파쿠르 경기장을 멋지게 만들기 위해 필요한 것에는 무엇이 있는지 알아봅시다.

1 점프가 어렵게 만들어야 하지만 불가능하게 만들어서는 안 됩니다. 블록과 블록 사이의 거리를 다양하게 만들어보세요. 난이도를 높이기 위해 한 블록만 설치하세요.

2 체크포인트를 추가해보세요. 체크포인트가 있으면 점프에 실패해도 시작 지점으로 되돌아오지 않고 마지막 체크포인트에서 게임을 다시 시작할 수 있습니다. 체크포인트 만드는 방법은 77쪽을 참고하세요.

3 게임을 더욱 재미있게 만들기 위해 다양한 블록을 사용해보세요. 통통 튀는 슬라임 블록부터 몹 머리, 눈에 보이지 않는 방벽 블록, 피해를 입히는 선인장 블록에 이르기까지 무엇이든 사용할 수 있습니다.

6 점프를 어렵게 만들어줄 머리 장애물을 만들어보세요. 머리 장애물은 착지해야 하는 블록 위에 설치하는 블록입니다. 이 장애물이 있으면 점프를 매우 정확하게 해야 합니다.

52

4 경기장의 주제를 정해보세요. 예를 들어 네더를 주제로 정했다면 주제와 관련된 구조물이나 몹 같은 요소들을 경기장에 추가해보세요.

5 플레이어들을 놀라게 할 레드스톤 장치를 만들어보세요. 이 작은 길 위에 놓여 있는 압력판을 밟으면 피스톤이 작동해 플레이어를 코스 밖으로 떨어뜨립니다. 주변에 다시 코스로 돌아올 수 있는 쉬운 길도 만들어 두세요.

7 사다리를 향해 점프를 해야 하는 구간을 만들어보세요. 이 구간에서는 블록의 측면에 설치되어 있는 사다리를 향해 점프해야 합니다.

3

기술 자료

미니게임을 만드는 것과 관련해서 도움이 필요한가요?
이번 장에는 초보자와 경험자 모두에게 도움이 되는 내용이
담겨 있습니다. 멀티플레이의 기초적인 부분부터 명령 블록을
사용하는 방법에 이르기까지 기술적인 내용에 대해 자세히
알아보세요.

다른 플레이어와 만나기

마인크래프트는 플레이어끼리 즐거움을 나누고 다른 플레이어와 쉽게 만날 수 있도록 설계된 멀티플레이 게임입니다. 마인크래프트로 멀티플레이를 하는 방법에는 여러 가지가 있습니다. 여기에 소개된 방법들 중 자신에게 맞는 것을 찾아보세요.

LAN 게임

마인크래프트의 근거리 통신망(LAN) 기능을 사용하면 나와 같은 네트워크나 라우터(공유기)에 연결된 플레이어와 함께 미니게임을 할 수 있습니다. 이 방법은 같은 건물에 있는 사람들과 게임을 하고 싶을 때 사용하면 좋습니다. 컴퓨터와 포켓 에디션에서 사용할 수 있습니다.

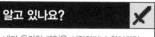

알고 있나요?

내가 온라인 게임을 시작하거나 참여하면 나의 모든 친구들에게 내가 플레이하고 있는 게임이 표시됩니다. 친구가 내 서버에 접속하면 친구의 친구에게도 내가 플레이하고 있는 게임이 표시됩니다.

LAN 서버로 열려는 세계를 불러온 다음 메인 메뉴로 돌아갑니다. 설정에 들어가서 멀티플레이를 클릭하고 멀티플레이 게임과 LAN 플레이어에게 표시를 켭니다. 이렇게 하면 나와 같은 네트워크에 연결된 다른 플레이어가 내 월드에 접속할 수 있게 됩니다.

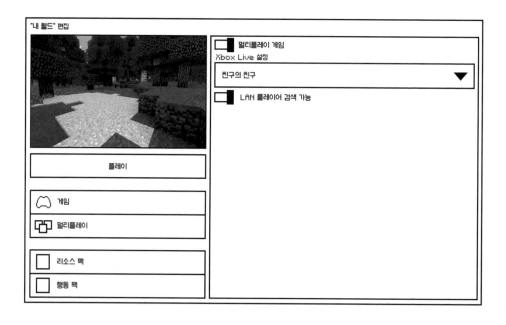

서버

서버는 신뢰할 수 있는 마인크래프트의 공식 파트너사가 만든 거대한 온라인 세계입니다. 다양한 종류의 서버가 있으며 서버마다 서로 다른 경험을 제공합니다. 친구와 경쟁을 할 수 있는 창의적인 미니게임 세계가 준비되어 있습니다.

서버는 Windows 10, 모바일 장치와 태블릿, Xbox One 과 닌텐도 스위치에서 접속할 수 있습니다. 인터넷 연결과 무료 Xbox Live 계정(계정을 만드는 데 Xbox는 필요하지 않음)만 있으면 세계 어디서나 서버에 접속할 수 있습니다. 단, Xbox One 플레이어일 경우 멀티플레이를 하려면 Xbox Live Gold를 구독해야 합니다.

플레이를 클릭하고 서버 탭을 클릭하세요. 표시되고 있는 추천 서버들 중 마음에 드는 서버를 하나 고르고 접속해 게임을 즐기세요.

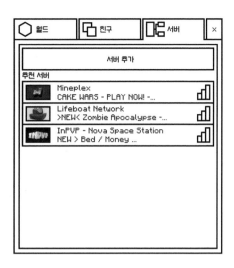

온라인 게임

같은 건물에 없는 플레이어와 함께 게임을 하고 싶을 때는 메뉴를 열고 게임 초대를 클릭하세요. 그러면 Xbox Live 화면으로 이동되면서 Xbox 계정을 가진 친구들을 볼 수 있습니다. 이곳에서 게임에 초대하고 싶은 친구를 선택하면 세계 어디서든지 친구가 내 게임에 접속할 수 있습니다.

친구의 온라인 게임에 참여하려면 친구 탭으로 이동하세요. 여기서 참여할 수 있는 Realms와 친구의 게임 목록을 보거나, 친구의 게임에 참여할 수 있습니다.

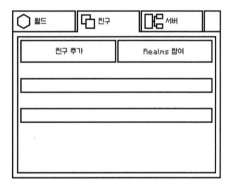

경고

18세 이상의 성인만 Xbox Live 성인 계정을 생성할 수 있습니다. 17세 미만의 플레이어는 부모님이나 보호자에게 허락을 구한 다음, 자녀 계정을 생성해야 합니다.

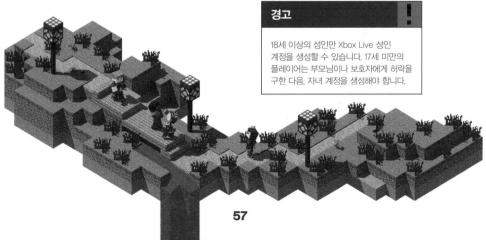

REALMS

많은 미니게임 제작자들은 자신이 만든 맵을 Realms로 공유하고 싶어 합니다. Realms는 여러 명의 플레이어가 쉽고 안전하게 게임을 즐길 수 있도록 모장이 공식 제공하는 서버 호스팅 서비스입니다. Realms는 항상 온라인 상태이며 언제든지 가입할 수 있습니다.

Realms가 작동하는 원리

친구의 Realm이나 다른 사람이 만들어 놓은 Realm 템플릿으로도 놀 수 있지만 나만의 Realm을 만들어서 놀 수도 있습니다. 내가 원하는 대로 Realm을 만들어보세요! Realms에는 소유자가 초대한 사람들만 접속할 수 있어 안전합니다. 소유자가 게임을 끄더라도 친구들은 언제나 Realm에 접속할 수 있습니다. 동시에 최대 10명의 친구와 게임을 할 수 있으며, 소유자가 요금을 지불하면 친구들은 무료로 플레이할 수 있습니다.

Realms에 접속하기

Realms에 접속하려면 컴퓨터나 모바일 장치, Xbox가 필요합니다. 마인크래프트를 열고 플레이를 클릭한 다음, 새로 만들기를 클릭하고 새 Realm을 클릭하여 새로운 Realm을 만드세요.

내가 원하는 대로 Realm 설정하기

친구들과 같이 게임할 Realm을 하나 장만하기로 결정했다고요? 탁월한 선택입니다! Realms에 접속하면 월드를 내가 원하는 대로 설정할 수 있습니다. 나만의 스타일로 월드를 꾸밀 수도 있고, 미니게임이 어떻게 작동되게 할 것인지 직접 설정할 수도 있습니다.

게임 설정

Realm을 설정하려면 메인 메뉴에서 내 Realm 옆에 있는 연필 아이콘을 클릭하거나 월드 안에서 게임 메뉴를 열고 설정을 클릭하세요.

플레이어의 보관함을 제한할 필요가 없는 비전투 미니게임을 플레이하려면 게임 모드를 크리에이티브 모드로 설정하세요. 플레이어가 블록을 부수지 못하게 하려면 모험 모드로 설정하세요.

게임 메뉴에 표시되는 Realm의 이름을 바꿀 수 있습니다.

적대적인 몹과 싸우는 미니게임이나 PVP 전투를 하려면 게임 모드를 서바이벌 모드로 설정하세요.

"내 월드" 편집	Realm 설정
플레이	**Realm 이름** 내 월드
⬡ 게임 ⊞ 멤버 ☐ 구독	**설명** **난이도** 보통 ▼ **게임모드** 서바이벌 ▼ ▮ 치트 활성화 월드 다운로드 월드 교체

여기를 클릭하면 친구를 Realm에 초대할 수 있습니다.

구독을 클릭하면 Realm의 크기와 남은 기간을 확인할 수 있습니다. 여기서 Realm을 연장하거나 닫을 수 있습니다.

평화로움 외에도 쉬움, 보통, 어려움 난이도를 선택할 수 있습니다. 난이도에 따라 적대적인 몹의 수와 공격력이 달라집니다.

게임 모드가 서바이벌 모드일 경우 난이도를 선택해야 합니다. 난이도가 평화로움일 경우 적대적인 몹이 생성되지 않고 허기도 지지 않습니다.

게임 유형

설정 메뉴에 게임 유형이 표시되어 있지는 않지만, 어떤 방식으로 게임을 할지도 생각해봐야 합니다. 게임에 참여하는 플레이어 수와 서로가 상호작용하는 방법에 따라 게임 유형을 선택해야 합니다. 여기에 세 종류의 게임 유형이 있습니다.

1V1
1V1은 서로 겨루고 싶어하는 2명의 플레이어를 위한 게임 유형입니다.

팀전
팀전은 최대 5명의 플레이어가 한 팀을 이루어 상대팀과 대결할 수 있는 게임 유형입니다.

개인전
개인전은 3명 이상의 플레이어가 각자 플레이하는 게임 유형입니다.

알고 있나요?

Realms는 정기적으로 이용료를 내는 구독형 서비스입니다. Realms에 가입하기 전, 반드시 부모님이나 보호자로부터 허락을 구하세요. 자세한 정보가 궁금하거나 무료 체험을 시작하려면 아래 링크를 방문하세요.
https://minecraft.net/ko-kr/realms

캐릭터 클래스
시스템

빠르고 정확한 움직임으로 여러분을 순식간에 없애 버리는 친구와 미니게임을 해 본 적이 있나요? 캐릭터 클래스 시스템을 적용해 플레이하면 실력과 관계 없이 모두가 즐겁고 공평하게 미니게임을 즐길 수 있습니다. 여기에 캐릭터 클래스 시스템에 대한 설명이 있습니다.

캐릭터 클래스 시스템에는 초보자에게 적합한 용사와 마법사부터 중급자를 위한 닌자와 지원 궁수, 전문가를 위한 탱커와 기술자까지 6개의 역할이 있습니다.

플레이어가 특정한 방법으로만 PVP 미니게임을 할 수 있도록 역할마다 강점과 약점이 다르고 사용할 수 있는 아이템도 다릅니다. 모든 역할의 능력치는 서로 비슷하기 때문에 어떤 역할을 선택하든 다른 역할보다 특별히 유리한 점은 없습니다.

캐릭터 클래스 시스템은 대부분의 전투 미니게임에 적용할 수 있지만, 일부 미니게임에서는 이 시스템을 적용해도 효과가 없을 수 있습니다. 예를 들어 전투를 시작하기 전까지 각자 자원을 모아야 하는 검투사 전투에서는 이 시스템을 적용해 플레이를 하더라도 일부 클래스에 속한 플레이어가 다른 클래스에 속한 플레이어보다 더 많은 자원을 얻을 수 있습니다.

TIP

여기에 소개되어 있는 캐릭터 클래스 시스템을 그대로 사용할 수도 있지만, 나만의 아이디어를 덧붙여 만든 클래스 시스템을 게임에 사용할 수도 있습니다.

TIP

앞에 소개되어 있는 모든 미니게임의 설명 페이지에는 클래스 플레이를 적용해 플레이할 수 있는지를 알려주는 메모가 있습니다.

여러 명의 플레이어가 똑같은 클래스를 고를 수 있게 할 것인지, 다른 플레이어가 먼저 선택한 클래스는 고를 수 없게 할 것인지 정해야 합니다. 누가 먼저 역할을 고를 것인지도, 부정행위를 감시할 사람을 뽑을 것인지도 게임을 하기 전에 정해야 합니다.

초보자 클래스: 전사

캐릭터 클래스 시스템에서 가장 능력이 많은 전사는 튼튼한 갑옷과 강력한 검 그리고 치유할 수 있는 아이템을 가지고 있습니다. 또한 전투를 도와줄 늑대를 소환하고 길들일 수 있는 능력도 가지고 있습니다.

스탯

⚔ 공격력	4
🛡 방어력	5
🔀 이동 속도	2
❤ 치유력	1
🔥 마력	1

장비

다이아몬드 검	화염 저항의 물약	재생의 물약	신속의 물약	치유의 물약	치유의 물약	양동이	늑대 스폰 알 (3)	뼈 (10)

갑옷

황금 투구	황금 흉갑	황금 각반	황금 부츠

전술

공격력이 높은 전사는 다이아몬드 검으로 상대방을 가볍게 물리칠 수 있고 1:1 전투에서도 금 갑옷의 방어력 덕분에 상대를 손쉽게 물리칠 수 있습니다. 피해를 입으면 전장으로 돌아가기 전까지 안전한 곳에서 회복할 시간을 가져야 합니다.

필살기 – 사나운 친구

전장에 가기 전 늑대 스폰 알 3개로 늑대를 소환하고 뼈를 사용해 길들이세요. 검으로 상대방을 공격하는 동안 늑대가 상대방의 주의를 분산시켜 줄 것입니다.

초보자 클래스: 마법사

마법사는 선과 악의 힘을 소환하여 전장을 초토화시킬 수 있는 능력을 가지고 있습니다. 그 앞을 지나가는 운 없는 상대들을 여러 개의 투척용 물약과 위험성이 잠들어 있는 블록으로 손쉽게 공격할 수 있습니다.

스탯

⚔️ 공격력		1
🛡️ 방어력		2
🥾 이동 속도		3
❤️ 치유력		4
🔥 마력		5

장비

불사의 토템 / 고통의 물약(투척용) / 나약의 물약(투척용) / 독 물약(투척용) / 감속의 물약(투척용) / 철 블록 4 / 영혼 머리 32 / 마그마 블록 10 / 엔더맨 스폰 알 3

갑옷

잭 오랜턴 / 가죽 조끼 / 가죽 바지 / 가죽 장화

전술

마법사는 방어력이 거의 없기 때문에 안전거리를 두고 전투에 참여해야 합니다. 마법사는 불사의 토템을 가지고 있어 즉사를 피할 수 있습니다. 더불어 경기장에 있는 모든 플레이어를 공격하는 엔더맨을 소환하거나 잭 오랜턴과 철 블록으로 철 골렘을 소환할 수 있는 능력도 가지고 있습니다.

필살기 – 느린 죽음

숨기 좋은 곳을 찾기 전에 문 앞과 같이 좁고 구석진 곳의 바닥을 영혼 모래로 바꾸세요. 그러면 방 안에 들어온 상대방의 이동 속도를 낮추므로 상대가 탈출하기 전에 투척용 물약을 던질 수 있습니다.

중급자 클래스: 닌자

다양한 물약을 사용할 수 있는 날렵한 닌자는 규모가 작은 전투에서 유리합니다. 닌자는 갑옷이 없기 때문에 체력을 회복하러 안전한 곳으로 가기 전까지 재빠르게 공격해서 최대한 많은 피해를 입혀야 합니다.

스탯

공격력		3
방어력		1
이동 속도		5
치유력		1
마력		3

장비

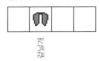

| 황금 검 | 엔더 진주 | 고통의 물약(잔류형) | 독 물약(잔류형) | 나약함 물약(잔류형) | 감속 물약(잔류형) | 치유의 물약(잔류형) | 힘의 물약(잔류형) | 신속의 물약(잔류형) |

갑옷

| | 겉날개 | | |

전술

닌자의 황금 검은 강력한 무기가 아닐 수도 있지만, 해로운 잔류형 물약과 함께 사용하면 치명적인 피해를 입힐 수 있습니다. 기동성이 뛰어난 닌자는 겉날개로 날거나 엔더 진주를 던져 상대방이 나를 따라와 공격하는 것을 어렵게 만들 수 있습니다.

필살기 – 화염의 비

겉날개로 전장 위를 날아다니며 지상에 잔류형 물약을 마구잡이로 던져보세요. 적들을 혼란에 빠뜨릴 수 있습니다. 그러나 아군들에게도 피해를 줄 수 있습니다. 피해를 최소화하려면 같은 팀원에게 조심하라고 알려준 다음, 이 전술을 사용하세요.

중급자 클래스: 지원 궁수

지원 궁수는 일반 궁수와 메딕의 역할을 합니다. 지원 궁수도 방어력이 거의 없기 때문에 안전거리를 두고 활에 의존해서 공격과 치유를 해야 합니다. 위급한 상황에서는 나무 검을 사용해 궁지에서 벗어날 수 있습니다.

스탯

⚔️ 공격력	1
🛡️ 방어력	2
👟 이동 속도	3
❤️ 치유력	4
마력	5

장비

활	검 나무	화살	분광 화살	투명화 물약	감속의 화살	독 화살	치유의 화살	힘의 화살
		64	10		10	10	10	10

갑옷

가죽 모자	가죽 조끼	가죽 바지	가죽 장화

전술

지원 궁수는 근접 공격을 하는 팀원들을 원거리에서 도와주어야 합니다. 물약이 묻은 화살로 팀원에게 이로운 상태 효과를 주거나 분광 화살로 팀원이 상대방의 위치를 쉽게 알 수 있게 할 수 있습니다.

필살기 – 숨은 조력자

지원 궁수는 투명화 물약을 마시면 전장에서 남들 몰래 움직일 수 있습니다. 물약이 묻은 화살로 도움이 필요한 팀원에게 이로운 상태 효과를 줄 수도 있습니다. 도움이 필요한 팀원이 없다면 언제든지 적에게 치명적인 화살을 날려 보이지 않는 피해를 입힐 수 있습니다.

전문가 클래스: 기술자

별로 강력하지 않은 무기와 평범한 갑옷만 갖고 있는 기술자는 쉽게 죽을 것 같지만 개인의 기량에 따라 능력이 달라질 수 있습니다. 기술자는 어떤 무기보다도 효율적인 장치를 만드는 데 필요한 아이템을 보관함에 가지고 있습니다.

스탯

⚔️ 공격력		3
🛡️ 방어력		3
👖 이동 속도		1
❤️ 치유력		1
🧪 마력		3

장비

검, 레드스톤 가루 (32), 압력판 (5), 피스톤 (10), 슬라임 블록 (10), 발사기 (5), 횃불 (64), 화염구 (10), TNT (32)

갑옷

철 투구, 철 흉갑, 철 각반, 철 부츠

전술

기술자는 남몰래 적을 물리칠 수 있는 치명적인 장치를 만들 수 있습니다. 화염구와 TNT를 근접 전투에서 사용할 수는 있지만, 역으로 공격 당할 수도 있고 기술자는 강력한 폭발력을 견뎌낼 수 없으므로 사용하지 않는 것이 좋습니다.

필살기 – 연쇄반응

전장 아래에 굴을 만들어 TNT를 가득 설치하고 레드스톤으로 연결하세요. 그런 다음 TNT의 중심 위에 압력판을 설치하세요. TNT가 있다는 사실을 모르는 상대팀 플레이어가 압력판을 밟으면 발 밑에 있는 모든 TNT가 폭발합니다. 폭발이 임박하면 팀원들에게 알려 TNT가 있는 곳으로부터 멀리 도망칠 수 있게 하세요. 이 방법은 정말로 심각한 상황에만 사용하는 것이 좋습니다.

전문가 클래스: 화염의 탱커

도끼와 방패를 들고 튼튼한 다이아몬드 갑옷을 입을 수 있는 화염의 탱커는 매우 강력합니다. 특별히 치명적인 무기는 없지만 가지고 있는 아이템들을 잘 활용하면 강력한 파괴력을 만들어낼 수 있습니다.

스탯

	공격력	4
	방어력	5
	이동 속도	2
	치유력	1
	마력	1

장비

다이아몬드 도끼 · 방패 · 낚싯대 · 삽 · 용암 양동이 · 사냥과 낚싯감 · 흑요석 · 화염 저항의 물약 · 눈덩이

갑옷

다이아몬드 흉갑 · 다이아몬드 각반 · 다이아몬드 부츠

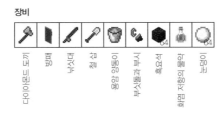

전술

불과 친한 탱커는 용암 양동이를 자유자재로 다뤄 주변에 있는 사람들을 불태울 수 있습니다. 가장 방어력이 높은 탱커는 흑요석으로 방어벽을 만들거나 기지를 강화할 수 있습니다. 전면전에서는 방패로 자신을 보호할 수 있고 도끼로 치명적인 피해를 입힐 수도 있습니다.

필살기 – 온기와 냉기

급하게 만든 도랑에 용임 양동이로 용임을 채우고 화염 저항의 물약을 마시면 용암 웅덩이 안에 들어가도 피해를 입지 않을 수 있습니다. 적들이 용암 웅덩이에 가까이 다가오면 눈덩이를 던져 저 세상으로 보내세요.

명령 블록

이 똑똑한 블록으로 게임 내에서 수백 개의 명령을 실행하여 특별한 동작이 실행되도록 프로그래밍할 수 있습니다. 이 블록을 사용하면 구조물을 복제하거나, 스폰포인트를 생성하거나, 점수를 기록하는 것도 가능합니다.

명령 블록을 얻는 방법

크리에이티브 모드에서만 명령 블록을 설치하고 사용할 수 있습니다. 그러나 이 아이템은 크리에이티브 보관함에서 찾을 수 없을 것입니다. 명령 블록을 얻으려면 명령어를 사용해야 합니다.

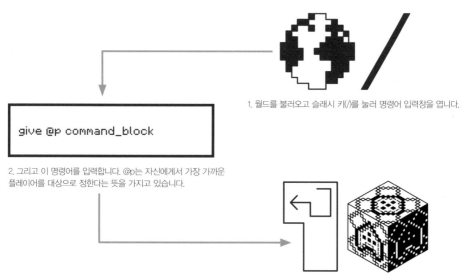

1. 월드를 불러오고 슬래시 키(/)를 눌러 명령어 입력창을 엽니다.

```
give @p command_block
```

2. 그리고 이 명령어를 입력합니다. @p는 자신에게서 가장 가까운 플레이어를 대상으로 정한다는 뜻을 가지고 있습니다.

3. 엔터 키를 누르면 명령 블록이 보관함에 생기고 사용할 수 있게 됩니다.

반응형 명령 블록
반응형 명령 블록은 명령 블록의 기본값으로 전원이 들어오면 설정된 명령을 한 번만 실행합니다.

연쇄형 명령 블록
연쇄형 명령 블록은 이 명령 블록을 가리키는 명령 블록의 명령이 실행된 경우에만 명령을 실행합니다.

반복형 명령 블록
반복형 명령 블록은 명령 블록이 비활성화될 때까지 매 게임 틱(0.05초)마다 설정된 명령을 실행합니다.

명령 블록을 사용하는 방법

월드에 명령 블록을 설치하고 우클릭하여 명령 블록을 여세요. 명령을 기다리고 있는 명령 블록의 인터페이스가 열릴 것입니다.

명령어 입력 창에 실행할 명령어를 입력하세요. 다음 페이지에서 사용할 수 있는 명령어를 확인할 수 있습니다.

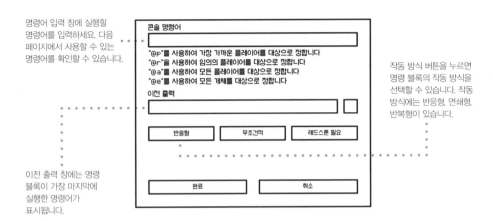

작동 방식 버튼을 누르면 명령 블록의 작동 방식을 선택할 수 있습니다. 작동 방식에는 반응형, 연쇄형, 반복형이 있습니다.

이전 출력 창에는 명령 블록이 가장 마지막에 실행한 명령어가 표시됩니다.

무조건적 상태에서는 연결된 이전 명령 블록의 명령 실행 성공 여부와 관계 없이 무조건적으로 명령을 실행합니다. 조건적 상태에서는 연결된 이전 명령 블록이 명령을 성공적으로 실행했을 때만 명령을 실행합니다.

레드스톤 필요 상태에서는 레드스톤 신호가 있을 때만 명령을 실행합니다. 항상 활성화로 상태를 바꾸면 레드스톤 신호가 없어도 명령을 실행합니다. 반응형 명령 블록에서는 항상 활성화로 설정해도 한 번만 명령을 실행하고 작동을 멈춥니다.

명령 블록을 작동시키는 방법

명령 블록에 레드스톤 신호를 주는 가장 간단한 방법은 버튼이나 레버를 명령 블록의 윗면이나 옆면에 설치하는 것입니다.

명령 블록을 땅에 묻고 그 위에 압력판을 설치하면 플레이어가 압력판을 밟을 때마다 명령 블록이 작동됩니다.

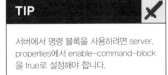

TIP

서버에서 명령 블록을 사용하려면 server. properties에서 enable-command-block 을 true로 설정해야 합니다.

미니게임을 제작하거나 플레이할 때 유용한 명령어들

명령어를 사용하면 손쉽게 미니게임을 제작하거나 플레이할 수 있습니다. 여러 명령어들 중 가장 유용한 몇 가지만 살펴보겠습니다. 이 명령어들은 이 책의 앞부분에서 살펴본 일부 미니게임에서 사용할 수 있습니다.

복제

스플리프나 검투사 전투 같이 경기장의 많은 부분이 파괴되는 미니게임을 하면 게임이 끝날 때마다 경기장을 원래 상태로 복원해야 합니다. 이럴 때 복제 명령어를 사용하면 손쉽게 파괴된 경기장을 예전에 만든 복사본으로 바꿀 수 있습니다. 이 명령어는 명령 블록 없이도 사용할 수 있습니다. 복제 명령어의 사용 방법을 자세히 알아봅시다.

1 복제할 구조물을 준비합니다. 구조물이 거대한 정육면체 안에 있다고 생각하고 마주보는 두 꼭짓점의 좌표를 확인하세요.

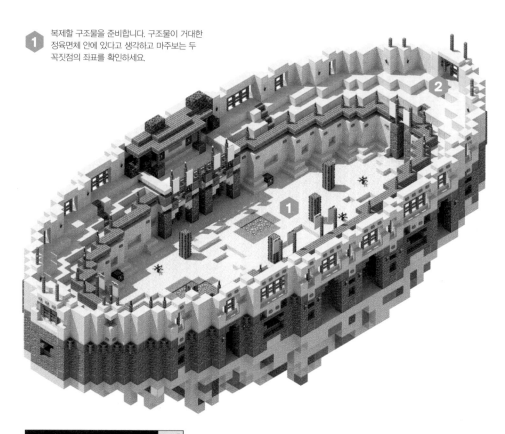

2 그런 다음 복사본을 저장할 곳을 찾습니다. 저장할 곳의 북서쪽 좌표를 확인하세요. 해와 달이 뜨는 곳이 동쪽, 지는 곳이 서쪽입니다. 하늘을 통해 어디가 북서쪽인지 확인할 수 있습니다.

4 명령어를 입력하면 지정한 장소에 구조물이 복사되고 필요할 때
미니게임 맵을 다시 복사할 수 있게 됩니다. 다시 복사할 때가
오면 좌표만 바꾸어 이 단계를 반복하세요. 복제한 구조물을
다시 복사해서 원위치에 다시 붙여 넣으면 됩니다.

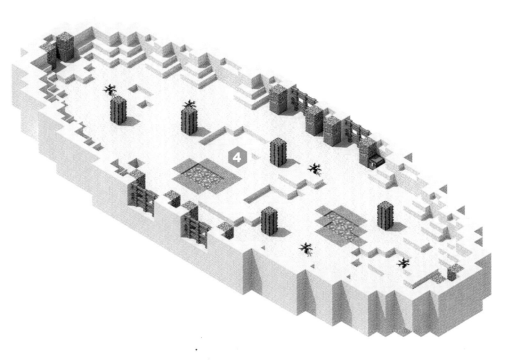

3 게임 내에서 이 명령어를 입력해 구조물을 복제합니다. 첫 번째와
두 번째 칸에는 복제할 구조물의 좌표, 세 번째 칸에는 복사본을
저장할 곳의 북서쪽 좌표를 입력합니다. 마지막에 Replace를
입력하면 저장할 곳에 있는 기존 블록을 복제할 구조물로 대체할
수 있습니다.

3

```
/clone (X Y Z) (X Y Z) (X Y Z)
replace
```

점수판

점수판 명령어를 사용하면 팀의 점수를 기록할 수 있고 여러 개의 게임을 하나로 통합할 수 있습니다. '몹이나 플레이어를 죽인 횟수' 같은 점수를 기록하려면 팀을 만들고 팀에 사람들을 추가한 다음 목표를 추가해야 합니다. 팀을 구성하려면 경기장 밖 로비 같은 별도의 장소가 필요할 수 있습니다.

1 첫 번째 명령 블록을 열고 아래의 명령어를 입력하여 첫 번째 팀을 만드세요.

```
scoreboard teams add 레드
```

2 명령 블록에 버튼을 설치하고 눌러 레드팀을 만드세요.

3 1단계와 2단계를 반복하여 두 번째 팀을 만드세요. 이때 팀 이름을 다른 이름으로 바꾸어야 합니다.

```
scoreboard teams add 블루
```

4 이제 팀에 플레이어를 추가할 수 있습니다. 레드팀에 플레이어를 추가하는 명령어를 명령 블록에 입력하세요.

```
scoreboard teams join 레드 @p
```

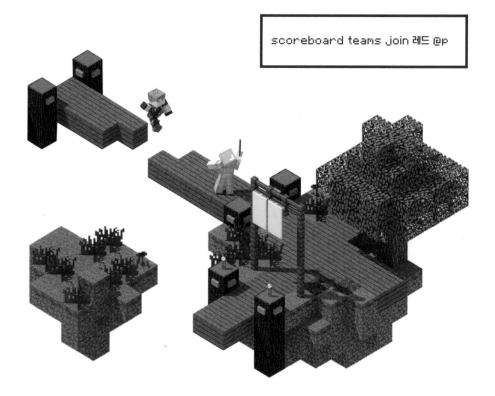

74

5 이 명령 블록에도 버튼을 붙이고 레드팀에 들어가야 하는 플레이어가 버튼을 누르게 하세요. 표지판을 붙여 플레이어에게 이 명령 블록의 용도가 무엇인지 알려주세요.

7 팀원의 목표를 설정해서 명령 블록이 무엇을 기록해야 하는지 알려주세요. 플레이어를 죽인 횟수나 플레이어와 몹을 죽인 횟수를 기록할 수 있습니다.

플레이어와 몹을 죽인 횟수를 기록하려면 아래의 명령어를 입력하세요.

```
scoreboard objectives add
점수 totalKillCount 죽인 횟수
```

중간에 있는 'totalKillCount'은 기록할 대상을 의미하고, 마지막에 있는 '죽인 횟수'는 게임 내에서 표시되는 목표의 이름입니다.

6 3단계부터 5단계를 반복하여 블루팀에 플레이어를 추가시키는 명령 블록을 만드세요.

```
scoreboard teams join 블루 @p
```

플레이어를 죽인 횟수만 기록하려면 아래의 명령어를 입력하세요.

```
scoreboard objectives add
점수 playerKillCount 죽인 횟수
```

8 명령 블록에 버튼을 설치하고 눌러 명령 블록을 작동시키세요.

각 플레이어의 점수가 항상 표시되게 하고 싶을 때는 아래와 같이 하면 됩니다. 아래의 명령어를 실행하지 않으면 플레이어의 점수가 표시되지 않습니다. 표시 방법에는 4가지가 있습니다.

게임 내 사이드바에 플레이어의 점수를 표시하려면 아래의 명령어를 입력하세요.

```
scoreboard objectives
setdisplay sidebar 점수
```

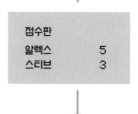

점수를 Tab 키를 눌렀을 때 표시되는 플레이어 목록에 표시하려면 아래의 명령어를 입력하세요.

```
scoreboard objectives
setdisplay list 점수
```

스티브	2 📶
알렉스	4 📶
뉴비	0 📶

사이드바에 각 팀의 점수를 표시하려면 아래의 명령어를 입력하세요.

```
scoreboard objectives
setdisplay sidebar.team.red 점수
```

점수판
레드팀   52
블루팀   43

스티브   알렉스
7   4

플레이어의 이름표 아래(플레이어의 머리 위)에 점수를 표시하려면 아래의 명령어를 사용하세요.

```
scoreboard objectives
setdisplay belowName 점수
```

11 게임이 끝나고 플레이어의 점수를 초기화하려면 아래의 명령어를 입력하세요.

```
scoreboard players reset @p
```

10 명령 블록에 버튼을 설치하고 눌러 명령 블록을 작동시키세요.

명령 블록에 설치된 버튼을 누르면 플레이어의 점수가 0 으로 초기화됩니다.

스폰포인트

스폰포인트는 게임 내에서 플레이어가 생성되는 곳을 지정하는 명령어입니다. 이 명령어를 사용하면 경기장 안에서 모든 플레이어가 소환되게 만들 수 있습니다. 스플리프 같은 미니게임에서 엔트리 포인트를 만들고 싶지 않을 때 사용하면 좋은 명령어입니다.

1 경기장 밖에 있는 로비 같은 곳에 명령 블록을 설치합니다. 우클릭하여 명령 블록을 열고 아래의 명령어를 입력합니다. X, Y, Z에는 게임의 시작점으로 설정하고 싶은 곳의 X, Y, Z 좌표를 입력하세요. 이 명령어를 사용하면 가장 가까운 곳에 있는 플레이어의 스폰포인트를 설정한 좌표로 지정할 수 있습니다.

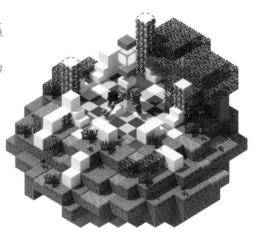

```
spawnpoint @p X Y Z
```

2 명령 블록 옆면에 버튼을 설치하고 그 옆에 '게임 시작'이 적힌 표지판을 설치하세요. 플레이어가 이 버튼을 누르면 스폰포인트로 설정한 좌표로 순간이동하게 됩니다.

체크포인트

스폰포인트는 파쿠르 대결 같이 여러 단계가 있는 게임의 체크포인트를 만드는 데에도 사용할 수 있습니다. 이 명령어를 사용하면 플레이어가 죽더라도 시작점이 아닌 가장 마지막으로 만난 체크포인트에서 리스폰되게 할 수 있습니다.

1 체크포인트를 만들고 싶은 모든 지점에 명령 블록을 설치하세요. 명령 블록은 땅에 묻어두고 그 위에 압력판을 설치하세요.

2 명령 블록을 우클릭한 다음, 가장 가까운 곳에 있는 플레이어에게 새로운 스폰포인트를 만들어주는 명령어를 입력하세요.

```
spawnpoint @p
```

3 명령 블록 바로 위에 압력판을 설치하고 여기가 체크포인트라는 것을 플레이어들이 알 수 있도록 표지판을 설치하세요. 플레이어가 압력판을 밟으면 그곳이 플레이어의 스폰포인트로 설정됩니다. 이 상태에서 플레이어가 죽으면 가장 최근에 설정된 체크포인트에서 리스폰됩니다.

덧붙이는 말

이 책에서 얻은 흥미진진한 멀티플레이 아이디어로 친구나 적과 함께 즐거운 시간을 보내셨기를 바랍니다! 게임에서 이겼다고 큰 소리로 자랑했다가는 친구가 원수로 변할 수도 있으니 조심하세요. 마인크래프트를 즐기는 방법은 게임을 즐기는 플레이어의 숫자만큼이나 정말로 다양합니다. 이 책에는 수많은 방법 중 아주 일부만 소개되어 있죠. 여기에 나온 내용들을 섞어서 새로운 게임을 만들어보세요! 새로운 스플리프 게임을 만들어보거나 겉날개 레이스에 고난도의 구간을 추가해보세요. 할 수 있다면 플레이어의 역할을 동등하게 나누는 새로운 방법도 찾아보세요. 최고의 게임은 언제나 가까운 곳에 있답니다. 어서 챔피언을 잡으러 가봅시다!

마시 데이비스(MARSH DAVIES)
모장(MOJANG) 팀